www.tredition.de

AF178612

Andreas Bielmeier

www.tredition.de

© 2017 Andreas Bielmeier

Verlag und Druck: tredition GmbH, Grindelallee 188, 20144 Hamburg

ISBN
Paperback: 978-3-7439-4966-9
Hardcover: 978-3-7439-4967-6
e-Book: 978-3-7439-4968-3

Eine Geschichte über das Schreiben einer guten Geschichte

Es sind nicht nur Geschichten. Es sind Worte, die in unserem Kopf real werden. Mit dem Schreiben einer guten Geschichte verändert man sich. Man sieht die Welt plötzlich ganz anders. Man öffnet die Augen und sieht Dinge, die man vorher nicht gesehen hat.

Mit einer guten Geschichte baut man eine Brücke von der Fantasie in die Realität.

Doch die Welt ist voller Geschichten. Es ist als würde man in einem Rosengarten stehen. Es sind viele Rosen da, aber letztendlich würde man sich die schönste Rose mit nach Hause nehmen. Man würde sie in eine Vase stellen, auf dem Tisch. Und wenn man Besuch bekommt wird man gefragt: „Woher hast du denn diese schöne Rose"

In diesem Buch findet ihr Geschichten, die im Zeitraum von ca. vier Jahren entstanden sind.

Neben Geschichten schreibe ich auch Gedichte. Auch solche werdet ihr auf den nächsten Seiten finden.

Bei meinen Texten ist mir immer wichtig, dass sie eine Message haben.

Das heißt, ihr sollt nicht nur die Geschichten lesen, sondern auch darüber nachdenken. Bei manchen Texten werdet ihr meine Nachricht schnell erkennen, bei anderen müsst ihr schon genau darüber nachdenken.

Für eine gute Geschichte muss man diese selber leben. Man muss eintauchen – wie ins Meer. Am besten mit dem Kopf voran. Und erst wenn man die Vielfalt im Meer sieht, die Fische und Pflanzen, dann hat man eine gute Geschichte.

In diesem Sinne, viel Spaß beim Lesen

euer *Andi*

Für euch alle

Sanduhr

Wir sitzen in einer Sanduhr

ich unten und du oben

und ich warte nur noch bis du auch runter kommst.

Doch das kann dauern

Tage Wochen oder Monate.

Immer wieder schaue ich hoch – zu dir

doch je mehr Zeit vergeht desto mehr entfernst du dich

von mir

Während wir philosophieren

nachdenken über das Leben

und einen Monolog führen

wird uns beiden schmerzlich bewusst

wie verquer wir doch sind und was wir verpassen

durch die Revolution der Zeit

Der ganze Luxus hat uns nichts gebracht.

Das ganze Geld.

Wir heben unsere Gläser – gefüllt mit Leichtigkeit.

Wollten wir doch alles haben.

Und jetzt? Was haben wir?

Wir sind gefangen in einem Hamsterrad

wir bewegen uns

doch kommen wir nicht voran.

Was für eine Ironie des Schicksals

dass ausgerechnet wir beide hier sitzen

in der Sanduhr.

Das ganz große Glück

Zuerst wollte ich den Brief gar nicht lesen. Doch Mary hatte mich dazu gedrängt. Schließlich hatte sie doch Recht gehabt, mit dem ganz großen Glück. Auch wenn ich von einem Onkel Hubert nichts wusste, trat ich das Erbe an. Zuerst hatte ich einen Notar getroffen. Sein Name war Dussel. Genau das war er auch, ein Dussel. Er hat mir mitgeteilt, dass ich eine Villa geerbt hätte. Zuerst sagte er, sie wäre am Chiemsee. Dann an der Ostsee. Schließlich war sie aber an der Nordsee. Dann hatte ich einen Makler getroffen. Der hat mir gesagt, dass ich in drei Tagen in meine neue Behausung ziehen könnte. Dieses Angebot nahm ich natürlich sofort an. Jetzt saß ich also mit dem Makler, Herrn Meise, in einem Motorboot, das über das Meer glitt. Am Horizont zeichnete die Sonne ihre letzten Strahlen. Am Ufer konnte ich schon das riesige Gebäude sehen. Es war blau bemalt und sah schon ziemlich antik aus. Die Fenster hatten gelbe Rahmen, zwei hohe Türme mit einem Spitzdach ragten in den Himmel.

Nach endlos langer Fahrt legte das Boot endlich am Ufer an. Mary war schon da. Sie wollte nicht mit dem Boot fahren. Sie bekäme dabei immer Kopfschmerzen. Deshalb ist sie lieber vier Stunden mit dem Auto gefahren. „Na Schwesterherz", begrüßte ich sie mit einem Küsschen auf die Wange. „Willst du auch hier einziehen", fragte ich, als ich den großen Koffer neben ihr sah. „Nein. Ich bleib, wie geplant, nur drei Tage", gab sie mir zur Antwort. „Du brauchst einen solchen Wucherkoffer für drei Tage?", fragte ich sie verwundert. „Ich wusste nicht, was ich die nächsten Tage anziehen sollte." „Da hast du vorsichtshalber alles mitgenommen?", sagte ich und lächelte verschmitzt. Mit einem Kopfschütteln wendete ich mich an den Makler: „Können wir reingehen, bevor es endgültig dunkel wird?" Mit einem Wink über die Schulter gab er mir zu verstehen, dass wir ihm folgen sollen.

Wir betraten einen riesigen Saal. An den Wänden hingen Bilder von Menschen, die ich nicht kannte. „Wir befinden uns hier im Eingangsbereich. 60 Quadratmeter. Fußbodenheizung. Sie können ihn völlig ausgestattet übernehmen, wenn sie wollen", teilte uns der Makler mit. Er ging voraus in den Wohnbereich. Dieser war noch größer als die Eingangshalle. „Wohn- und Esszimmer. 70 Quadratmeter. Sie können den Tisch, die Bestuhlung, die Couch und die Vorhänge übernehmen. Keine Fußbodenheizung. Letzte Renovierung liegt 25 Jahre zurück"

Wir besichtigten das ganze Haus.

Es war schon fast Mitternacht, als der Makler sich endlich verabschiedet. Mary ging ins Bett. Ich setzte mich noch auf die Veranda, um die Nacht hier am Meer zu betrachten. Daheim hatte ich das oft gemacht. Hier war die Nacht anders. Es war dunkler und gruseliger. Glühwürmchen schwirrten mir um den Kopf. Irgendwann muss ich wohl eingenickt sein, denn ich erwachte erst, als die Sonne schon hoch am Himmel stand. Die See rauschte. Mary trat auf die Veranda. Sie hatte ein Tablett auf dem Arm. Wir frühstückten auf der Veranda und tranken Kaffee. Er schmeckte besser als in unserem alten Haus. Mary würde mir fehlen. Wenn sie in drei Tagen wieder abreisen wollte, war ich zum ersten Mal allein. Mary und ich hatten immer zusammen gewohnt. Ab jetzt musste ich wohl alleine zurechtkommen. „Ich werde mir später die Gegend anschauen. Kommst du mit?", fragte ich Mary. „Nein. Ich muss das Haus noch genauer besichtigen. Der Dachboden gehört auch aufgeräumt. Ich habe ihn mir heute Morgen nach dem Aufstehen mal angesehen.

Nach dem Frühstück machte ich mich auf den Weg, die Insel zu besichtigen. Sie war größer als ich gedacht hatte, denn der nächste Ort lag eine halbe Ewigkeit entfernt. Immer wieder holte ich mein Handy heraus und versuchte Netz zu bekommen. Schon fast am Verzweifeln hörte ich plötzlich eine Stimme hinter mir. „Kann ich Ihnen helfen?"

„Nein danke!", antwortete ich und drehte mich erschrocken um. Hinter mir stand eine junge Frau, Mitte/Ende 20. Ihre blonden, gelockten Haare liefen ihr knapp über die Schulter. Sie war mir von Anfang an sympathisch. „Na gut. Wenn Sie meinen", sagte sie, schenkte mir ein Lächeln und ging weiter die Straße entlang. Ich blickte ihr hinterher und ging meines Weges weiter. Als ich endlich das Dorf erreicht hatte, kaufte ich zuerst einmal etwas zu Essen. Ich hatte ganz vergessen wie ausgehungert ich eigentlich war. Die Warteschlange an der Kasse war gefühlte 2 Kilometer lang und die Verkäuferin hatte scheinbar auch alle Zeit der Welt. Als ich den Laden endlich verließ, dämmerte es schon und es hatte angefangen zu regnen. Während ich nach Hause ging, regnete es immer schlimmer und ich zog es in Erwägung, mich irgendwo unterzustellen. Und da war, wie gerufen, eine alt aussehende, aber trockene Holzhütte. Auf mein Klopfen reagierte niemand, also ging ich einfach hinein. Die Hütte war randvoll mit Heu, wahrscheinlich gehörte sie einem Bauern. „So sieht man sich wieder", hörte ich plötzlich eine Stimme hinter mir. Erschrocken fuhr ich herum. Da war sie wieder. Die Frau, die mich vorhin auf der Straße angesprochen hatte. Sie stand hinter mir, trug einen roten Mantel und war, genau wie ich, total durchnässt. „Wurden sie auch vom Regen überrascht?", fragte sie mich. „Oh, ähm ja", antwortete ich ihr. Sie setzte sich neben mich auf das Heu. Wir begannen zu reden. Wir lachten und es war einfach nur wunderschön. Mir war sofort klar, dass ich sie wiedersehen will, sie kennenlernen will.

Als der Regen endlich aufgehört hatte, war es schon dunkle Nacht. Ich fragte, ob ich sie nach Hause bringen solle, doch sie lehnte ab. Nach zwei Stunden Fußmarsch war ich endlich zu Hause. Mary hörte mich nicht. Im Flur fiel ich über Marys gepackte Koffer. Sie wollte ja morgen abreisen, fiel mir ein. Als ich endlich in mein Schlafzimmer kam, ließ ich mich aufs Bett fallen, jedoch konnte ich noch lange nicht einschlafen. Immer wieder kam sie mir in den Kopf.

Also stand ich nochmal auf und ging auf meinen Balkon. Die Nacht war sternenklar und es hatte wieder leicht zu regnen angefangen. Nach zwei langen Stunden des Nachdenkens fiel ich wieder ins Bett und diesmal konnte ich sofort einschlafen.

Am nächsten Morgen, es war gegen zehn Uhr, wurde ich von einem Autohupen geweckt. Ich stand auf und ging auf den Balkon. Vor der Veranda standen Mary und ein Taxi. Der Taxifahrer war dabei, Marys Koffern in den Kofferraum zu verfrachten. „Willst du jetzt schon fahren", fragte ich sie. „Nein, zum Frühstück bleibe ich noch. Ich habe den Taxifahrer eingeladen, ich hoffe das geht in Ordnung.", schrie sie zu mir herauf. Mit einem Nicken gab ich ihr zu verstehen, dass ich damit kein Problem hatte. In Windeseile zog ich mich an und stürmte die Treppe hinunter, hinaus auf die Veranda. Der Tisch war schon gedeckt und ich setzte mich neben Mary.

Nach dem Essen wollten wir noch einen Strandspazier-
gang machen. Der Taxifahrer wartete beim Haus. „Och!
Ich werde dich vermissen", sagte sie, als wir in den Dünen
spazieren gingen. „Ich dich auch! Aber habe ich dir schon
von meiner Bekanntschaft erzählt?" Sie verneinte und so
erzählte ich ihr die Vorkommnisse des gestrigen Tages.
Wir redeten scheinbar eine ganze Weile, denn auf einmal
hupte der Taxifahrer und es war Zeit Abschied zu neh-
men. „Du wirst sie bestimmt wiedersehen", ermutigte Ma-
ry mich.

Und sie hatte Recht. Wir sahen uns wieder. Und wieder
und wieder und wieder. Wir gingen fast ein halbes Jahr
lang miteinander aus und als ich Mary wiedersah erzählte
ich ihr von jedem einzelnen unser Treffen. „Na dann soll-
test du sie mir bald mal vorstellen. Das klingt ja, als ob es
etwas Ernsteres wird."

Wer weiß? Schließlich hatte Mary schon einmal recht ge-
habt, mit dem ganz großen Glück.

Gefühlsduselei

Wer steht schon auf und denkt über die Welt nach?

Philosophiert über das Leben?

Wer schreibt zuerst?

Wer ruft zuerst an?

Wer spricht wen zuerst an?

Nur Warm-Up Fragen.

Wir sind nun mal keine Propheten,

Professoren, Genies oder Dichter

Unser Leben spielte sich nur im Konjunktiv ab:

Was wäre gewesen wenn?

Mit einem kleinen Funken Ironie versuchen wir

die Helden zu sein

in unserem Leben.

Ohne zu wissen,

dass wir es längst sind

Einmal. Und für immer.

Einmal. Nur ein einziges mal. Warum nicht? Was soll
denn schon passieren? Jetzt hatte Jane ihn. Ich war als
nächstes dran. Sie nahm einen langen, genussvollen Zug
und stieß den Rauch zwischen ihren Lippen hervor. Dunk-
le Wölkchen flogen in den Nachthimmel. Weich. Sie
überreichte ihn mir. Ich zog daran. Der Rauch durchzog
meine Kehle, meine Lunge. Tränen rannen mir aus den
Augen. Schnell wischte ich sie weg. Dann stieß ich den
Rauch aus. Ein gutes Gefühl. Ich gab den Joint an Marrel
weiter. Das Lagerfeuer wärmte meine Beine, trotzdem
hatte ich Gänsehaut. Das letzte, woran ich mich erinnerte
war, der Funken, der auf meiner Hose landete. Dann fiel
ich. Fiel immer weiter. Durch Wolken, die Flugluft am
ganzen Körper. Ich sah die schönsten Landschaften.
Dann. Ein Schmerz. Mein Hinterkopf. Ein Dröhnen. Dann
erwachte ich wieder. Weiß. Alles um mich herum war

weiß. Steril gehalten. Eine Frau im weißen Kittel trat neben mein Bett. Ohne ein Wort zu sagen drückte sie mir eine Spritze in den Arm. Dann war sie plötzlich wieder weg.

Als ich aus dem Krankenhaus entlassen wurde, war das erste, was meine Mutter tat, mich anschreien. Was sie gesagt hat, weiß ich nicht mehr. Es hatte sich in meinen Ohren verheddert und nie mein Gehirn erreicht. Ich ging nach oben in mein Zimmer. Eine Wärme kam mir entgegen. Eine vertraute Wärme, meine Wärme. Das Bett war kuschelig, warm, weich.

Nach ein paar Tagen beruhigte sie sich wieder. Wir begannen sogar wieder, normal miteinander zu reden. Eine Woche nachdem ich wieder zu Hause war, kam meine Mutter kam zur Tür herein. „Du wurdest zu Marrel's Party eingeladen", sagte sie und drückte mir die Einladungskarte entgegen. *Marrel sweet 16* stand in großen Buchstaben darauf. Ein lila Luftballon verzierte das Ganze. „Und ich verbiete dir, hinzugehen"

„Warum das denn?"

„Du erinnerst dich an die letzte Party?"

Ich hatte keine Erinnerung an die letzte Party auf der ich war. Ich erinnerte mich nur an den Joint.

„Ja"

„Dann weißt du ja warum"

Sie ging zur Tür hinaus und wenige Sekunden später hörte ich sie die Treppe hinuntersteigen. Ich dachte nach, dann kam mir die Erleuchtung und wenig später stand ich im Dunkeln im Bad und glättete meine Haare. Ohne ein Geräusch zu machen verließ ich das Haus.

Schon von weitem konnte ich die Stimmung spüren. Die laute Musik war nicht zu überhören und der Alkohol lockte mich an. Marrel freute sich mich zu sehen. Ein Geschenk hatte ich nicht, aber das störte sie nicht. Irgendjemand, ich erinnere mich nicht mehr wer es war, schrie uns zusammen. Wir kamen alle an den großen runden Küchentisch. Die Marmorplatte glänzte. Der Typ der uns gerufen hatte zog einige Päckchen aus seiner Jackentasche. Gierige Hände griffen danach. Ich nicht. Ich hielt mich zurück. Zuerst wollte ich fragen, was das war, doch dann entschied ich mich für das Gegenteil. Jana nahm eine Prise aus der Packung und reichte sie weiter an mich. Ich beobachtete sie, wie sie das Zeug durch die Nase hochzog. Ich traute mich nicht. Jana gab mir einen Stoß und ich erwachte aus meiner Starre. Ich spürte das feine Pulverchen nicht einmal auf meiner Hand, so leicht war es. Leicht, wie Wölkchen. Langsam bewegte ich meine Hand Richtung Nase und atmete tief ein. Es brannte. Es brannte schlimmer als alle Schmerzen die ich bisher gespürt hatte. Dann entspannte ich mich. Mein ganzer Körper entspannte sich und ich fühlte mich gut. So gut, dass ich mich fallen ließ, nach hinten. Die Reise hatte gerade erst begonnen, dann endete sie, meine letzte Reise. Tragisch. Dramatisch. Jugendlicher Leichtsinn. Ich hörte die anderen schreien. Meinen Namen. Dann hörte mein Herz auf zu schlagen. Einmal. Und für immer.

Ein Sommernachtstraum

Nach dem Regen ist die Welt so wunderschön

vergessen ist der Zahn der Zeit

alles läuft nach einem anderen Schema

einem anderen Zyklus

Nach dem Regen ist die Welt so wunderschön

und eines Tages

wenn wir wieder über das Leben spekulieren

fällt uns auf wie antithetisch doch alles ist

In einer lauen Sommernacht

gefüllt mit Verlangen nach Hingabe

versuchen wir die Phrasen zu vergessen

mechanisch – mit Selbstbetrug

In einer lauen Sommernacht

während des Regens und dem Stillstand unsererseits

haben wir doch eins vergessen:

die Akustik und den Klang des Wortes *LIEBE*

Die Farben des Lebens

Langsam schließe ich die Augen wieder. Die Dunkelheit hinter meinen Augen heißt mich willkommen. Alles Schwarz. Ich versuche, nicht davonzutreiben. Mache mir schöne Gedanken. Eine Wiese voll blauer Kornblumen. Wie ich sie als Kind immer durchquert habe. Das letzte Weihnachten, welches ich im Kreise meiner Familie verbracht habe. Ich erinnere mich an den Geruch. An Weihnachten riecht alles anders: Die Menschen, die man so liebt, das Haus in welchen man schon seit Jahren wohnt und selbst der starke Kaffee meine Mutter schmeckt mir an Weihnachten. Mir schießen die wildesten Gedanken durch den Kopf. Einer bleibt hängen – und das schon seit Jahren. Die Frau, die ich einst so geliebt habe. Ihre Berührungen auf meiner Haut, ihre Küsse auf meinen Lippen. Ihre Bewegungen und ihr Lachen. Doch wo ist sie? Sie ist nicht hier, während meiner vermutlich letzten Atemzüge.

Ich denke an die tausend Tränen, die ich ihretwegen vergossen habe. Nach all den Jahren bereue ich es, sie gehen gelassen zu haben. Und nun liege ich hier. Allein. Ich sehe mein Leben an mir vorbeiziehen. Diesmal in schwarz-weiß. Das letzte was ich sehe, ist das meine Familie. Und ich merke, wie ich aus meinem Körper steige. Der Tod empfängt mich wie ein Gentleman und ich gehe mit einem Lächeln.

Ob sie es gewusst hatte?

Als ich an diesem wundervoll sonnigen Tag die Haustüre aufmachte, sah ich sie zum ersten Mal. Sie sah nicht besonders schick oder modern gekleidet aus. Aber auch nicht hässlich. Dennoch hatte sie etwas Besonderes an sich. Und das Besondere sorgte dafür, dass ich ihr mit den Augen hinterher schaute, auch als sie schon längst um die nächste Straßenecke gebogen war. Vorerst schenkte ich ihr keine Bemerkung, denn vor mir lag ein gewohnt langweiliger Tag in der Schule. Nach einem endlos langen Schultag, der gefüllt war mit Mathe, Deutsch, Englisch, Geschichte und Physik hatte ich es jedoch endlich geschafft und schlenderte langsam nach Hause. Als ich die Haustür aufschloss, sah ich sie schon wieder. Sie sah immer noch so aus, wie am Morgen. Wieder beobachtete ich sie. Sie stieg die Treppe hinauf. Ganz normal, wie alte Leute das nun mal tun. Langsam schlich ich ihr hinterher und beobachtete wie sie zu einer Wohnung wackelte. Wahrscheinlich wohnte sie dort. Ich hatte sie aber noch nie zuvor in unserem Haus gesehen und ich wohnte schon seit 15 Jahren hier. Ich wartete, bis sie die Tür hinter sich geschlossen hatte, dann ging ich zu hin, um das Klingelschild zu lesen. **Winkler**, stand in großen, alten aber dennoch gut lesbaren Buchstaben darauf. Mir fiel niemand ein, der so hieß. Zuerst wollte ich klingeln, ließ es aber doch wieder, da ich nicht wusste, was ich sagen sollte. Als ich unsere kleine Wohnung betrat, wartete Mama schon mit dem Essen. Ich erwähnte die alte Dame lieber nicht, sonst macht sich Mama nur wieder Sorgen. Der mütterliche Teil meiner Familie machte sich grundsätzlich immer Sorgen. Den väterlichen Teil meiner Familie kannte ich nicht. Mein Papa war kurz nach meiner Geburt zu seiner neuen Freundin gezogen und über seine Familie wurde auch nicht geredet. Ich versuchte, die Frau aus meinen Gedanken zu verdrängen. Das gelang mir jedoch nicht, also brauchte ich nun einen Plan, um in ihre Wohnung zu kommen. Einbruch? Niemals! Wenn schon, dann auf ehrliche Weise, aber unbedingt mit einem Geschenk.

Alte Leute freuen sich immer über Geschenke. Vielleicht Blumen? Oder Pralinen? Am besten beides.

Nach dem Essen ging ich gleich los, um etwas Passendes zu finden. Gleich im ersten Laden wurde ich fündig. Es war eine alte Vase. Sie war blau und hatte rote Punkte. Sie sah so hässlich aus, dass sie der alten Frau einfach gefallen musste. Für 8,50 Euro kaufte ich sie und ließ sie mir auch gleich noch in einem lila Geschenkpapier einpacken. Vorsichtig trug ich sie nach Hause und wollte sie der neuen Besitzerin gleich vorbeibringen. Allerdings begegnete ich im Treppenhaus meiner Mama. Sie fragte mich, wo ich solange gewesen sei. Natürlich log ich, denn sie hätte es sicher nicht gern gehabt, wenn ich einer alten Frau eine hässliche Vase schenken würde. Also sagte ich, ich war bei Tante Frieda. Mama mochte ihre Schwester nicht besonders, deshalb würde sie sie auch nicht anrufen, um zu fragen, ob ich wirklich dort war. Sie gab sich also damit zufrieden und ging einkaufen, während ich zu Frau Winklers Tür ging und klingelte. Zuerst kurz. Niemand öffnete. Dann nochmal, diesmal länger. Wieder öffnete niemand. Ich ging in meine Wohnung, um es später noch einmal zu versuchen.

Nachdem ich mir zwei Stunden irgendwelche Sendungen im Fernsehen angeschaut hatte, verließ ich meine Wohnung wieder, um zu Frau Winkler zu gehen. Diesmal reagierte sie auf mein Klingeln und öffnete die Tür. „Guten Tag! Mein Name ist …“, weiter konnte ich gar nicht sprechen, denn sie hielt mir schon die Tür auf und sagte „Komm herein“ Ich war noch nie mit einem fremden Menschen in eine fremde Wohnung gegangen, doch was sollte eine alte Frau mit mir vorhaben. Andererseits hatte ich nun das Märchen von Hänsel und Gretel im Kopf, verdrängte es jedoch. Ich überreichte ihr mein Geschenk. Sie packte es noch vor der Wohnung aus und bekam ganz große Augen. Sie schien sich zu freuen. Endlich trat ich in die Wohnung ein. Es roch gut. Nach Marzipan. Sie bot mir Tee und Plätzchen an. Den Tee nahm ich nicht an, dafür aber die Plätzchen. Zuerst saß ich einfach nur still da, doch dann begann sie langsam ein Gespräch. Und schließlich redeten wir über allerhand Dinge. Das Wetter, Regenbogen und ihre Katzen. Sie erzählte mir den ganzen Nachmittag Geschichten, von früher, von heute und von ihrem Sohn. Als es schließlich schon zu dämmern begann, ging ich wieder nach Hause, wahrscheinlich machte Mama sich schon wieder Sorgen. Trotzdem war es ein wunderbarer Nachmittag.

Von diesem Tag an ging ich jeden Tag zu ihr. Ich vertraute ihr, erzählte ihr von meinen Problemen und sie erzählte mir von ihren. Doch als ich am heutigen Tag zu ihr ging und klingelte, öffnete nicht sie die Tür, sondern ein Mann in Uniform, ein Polizist. Ich fragte ihn, was los sei. Zuerst sagte er, er dürfe darüber keine Auskunft geben, da ich nicht zur Familie gehöre. Schließlich erzählte er mir doch, dass die alte Frau vor drei Stunden im Krankenhaus verstarb. Ich konnte es nicht fassen. Wem sollte ich denn nun vertrauen. Gestern ging es ihr noch gut, wir hatten geredet und ganz normal gesprochen, wie immer. Der Polizist meinte, sie wäre an Herzversagen gestorben. Ihre Putzfrau hätte sie gefunden. Er informierte mich auch darüber, dass drei Tage später die Beerdigung stattfinden sollte. Ich ging natürlich hin. Mama auch. Wir kamen gerade noch rechtzeitig, ehe der etwas rundliche Pfarrer vor den Sarg trat und einen Text vorlas. Eine Träne kullerte mir über das Gesicht. Der Mann vor uns wischte sich ebenfalls über das Gesicht und drehte sich um. Mamas Gesicht sah entsetzt aus. „Markus?! Was machst du denn hier?" fragte sie ihn leise. „Cordula? Ich war ihr Sohn. Aber du? Woher kennst du sie denn", antwortete er. „Ich persönlich kannte sie gar nicht. Er hat sie gekannt", sagte sie und zeigte unauffällig auf mich. Das war also Frau Winklers Sohn. Sie hatte so viel von ihm erzählt, dennoch hatte ich ihn mir ganz anders vorgestellt. Nun stand er vor mir und ich wusste gar nicht wie ich reagieren sollte. Und dass Mama ihn auch kannte, verwundete mich ein wenig. „Mama wer ist das?", fragte ich sie. Sie zögerte, dann deutete sie mit dem Finger auf mich, auf den Mann und auf sich selbst. Sie wollte mir sagen, dass wir hinausgehen sollten. Ich nickte. Mama tippte den Mann an und meinte, er solle mitkommen. Zu dritt gingen wir nun also nach draußen. „Das ist dein Vater", sagte Mama draußen mit einem verächtlichen Zittern in der Stimme. Mein Vater? Nein, das konnte nicht sein. Das heißt ja, Frau Winkler war meine Oma? Hatte ich ihr deshalb so sehr vertraut?

Ob sie es gewusst hatte?

Wer sind wir?

Und wer können wir noch werden?

Karma

Carpe Diem

Eat Pray Love

Von wegen

Alles gelogen

Wie Gespenster huschen wir durch die Nacht

Dancen ab zu unseren Lieblingsliedern

No risk no fun

Wir reisen um die Welt

um im Meer zu baden

Polarlichter zu sehen

und Kokosnüsse leer zu schlürfen

Doch eine Frage bleibt immer:

Wer sind wir?

Wir sind Alltagshelden, 08/15 Menschen, Otto Normal-
verbraucher

Und eine noch viel wichtigere Frage:

Wer können wir noch werden?

Das weiß niemand.

22 Blütenblätter

Das Gänseblümchen sicher in meiner Hand, beginne ich das altbekannte Spiel wieder von vorne. „Du liebst mich" „Du liebst mich nicht" „Du liebst mich" „Du liebst mich nicht" „Du liebst mich" „Du liebst mich nicht" „Du liebst mich" „Du liebst mich nicht" „Du liebst mich" „Du liebst mich nicht" „Du liebst mich" „Du liebst mich nicht" „Du liebst mich" „Du liebst mich nicht" „Du liebst mich" „Du liebst mich nicht" „Du liebst mich" „Du liebst mich nicht" „Du liebst mich" „Du liebst mich nicht" „Du liebst mich" „Du liebst mich nicht"

Und ich nehme die nächste Blume und fange wieder von vorne an.

Der Lauf der Zeit

Wir kamen mit nichts auf die Welt

und wir werden mit eben so viel wieder gehen.

Du hast mir zugesehen:

- beim Laufen lernen

- beim Hinfallen und wiederaufstehen

- beim Großwerden

Wer wünscht sich heute nicht,

nochmal Kind zu sein,

unbeschwert und frei.

Wir haben Erfahrungen gesammelt,

und gelernt, dass das Leben

nicht immer Spaß macht.

Wie oft denke ich zurück an all die verregneten Nachmit-
tage,

und an all die Tage im Schnee.

Wie oft denke ich an jene heißen Tage,

als wir einfach nur wir waren.

Heute würde man „chillen" sagen.

Und heute

halte ich daran festen

an den goldenen Momenten im Leben

Was haben wir gelacht ...

über all die kleinen Dinge des Lebens.

Haben bei Vollmond Gespenster gespielt

und sind durch bunte Blumenwiesen gelaufen.

Haben uns immer und wieder gesagt,

wie gern wir uns haben.

Und jetzt,

am Silvesterabend,

schaue ich in den Himmel,

und dann auf das Polaroid in meiner Hand.

Und über uns der Himmel

Kichern. Ein rascheln im Gras. Ich spüre deine Anwesenheit. Wir liegen nebeneinander auf der Wiese. Hier und da hört man Vogelgezwitscher. Während ich in den Himmel schaue, lasse ich mein Leben Revue passieren. Sehe dich immer wieder in Flashbacks.

Gute Dinge können nur passieren, wenn man sich vom negativen entfernt. Haben wir uns je Gedanken darüber gemacht, wie gut es uns eigentlich geht? Wir beklagen uns nur: über die viel zu hohen Preise, den Lärm, die viele Arbeit.

Und manchmal ist Vertrauen der Weg, den man gehen muss, um zu einer Erkenntnis zu gelangen.

Unser Verstand ist getrübt von einer Illusion.

Was wir haben, ist nicht echt, und das weiß ich.

Ich schaue in den Himmel und frage mich, ob du gerade das gleiche tust. Majestätisch ziehen die Wolken ihren Weg über uns hinweg.

Manche Dinge kann man nicht kontrollieren. Und eines Tages, so hoffe ich, änderst du deine Meinung.

Ich schaue zu dir hinüber. Dein Platz ist leer und mir bewusst, dass du gar nicht hier warst.

Meine Seele – Glas

Nur ein Scherbenhaufen

dann ein paar Splitter

- 10 word poem

Die Amsel auf den Gleisen

Lieblich

springt die Amsel immer weiter

die Gleise entlang.

Dann verharrt sie

aber nur für einen Moment.

Sie springt weiter.

Ihr schwarzes Gefieder

glänzt königlich

in der untergehenden Sonne.

Sie spreizt die Flügel

hebt ab

und taucht dem Himmel entgegen.

Unsere Welt in einer Kaffeetasse

Wir beide sitzen am Frühstückstisch. Wie jeden Morgen. Doch eines ist anders als gestern oder vorgestern. Wir reden nicht. Du lächelst nicht. Die Stimmung ist schlecht. So kenne ich das gar nicht von uns. Dabei hätte es doch ein schöner Urlaub werden sollen.

Durchs offene Fenster zieht der Duft Paris' herein. Und obwohl es noch sehr früh ist, herrscht auf den Straßen schon hektisches Leben. Die Stadt pulsiert, und das „toujours".

Immer wieder schaue ich zu dir hinüber, doch du weichst jedes Mal aus, nimmst noch einen Bissen von deinem Croissant. Ich bin deswegen sogar noch früher aufgestanden. Nur um uns Croissants zu holen, Kaffee zu kochen und ein schönes Frühstück zuzubereiten. Und um dir zu sagen, dass es mir leid tut. Doch ich bringe die Worte einfach nicht über meine Lippen.

Ich stehe auf um mir noch mehr Kaffee zu holen. Belanglos nehme ich meine Tasse und gehe zu Küchenzeile in unserem Appartement. Bevor ich die Tasse auswasche, werfe ich einen Blick hinein und fange promt an, laut loszulachen. Der Kaffeesatz in der Tasse hat die Form von Frankreich. Ich vergesse in diesem Moment unseren Streit und komme zum Tisch zurück. Ich stelle meine Tasse direkt neben deine. Du schaust hinein und langsam streckt sich dein Mund zu einem Lächeln.

Last night

I threw your heart

from a Ferris wheel.

- 10 word poem

Die Nächte unserer Jugend

Wir heben die Gläser

auf all die Nächte

unserer Vergangenheit

In denen wir getanzt haben

geliebt haben

in denen wir alles verloren haben

Die Nächte, die die Zeit

nie wieder zurückbringt

Und im Morgengrauen

lachen wir der aufgehenden Sonne

am Horizont zu.

Leben auf dem Land

In Heuhaufen hüpfen

niesen, lachen, hinfalle, aufstehen

Den Grillen abends

beim Zirpen zuhören

Ohne Worte einfach dasitzen

und genießen

Nicht lange fragen

Leben!

Im Winter

absolute Stille

Innere Zerstörung

Tief im Dunkel der Nacht,

das Prasseln des Regens hält mich wach.

Das Blätterdach meiner Angst

vor Einsamkeit

zerstört

Das Herz folgt meiner zersplitterten Seele

in den Abgrund der Unendlichkeit

unserer Körper

verloren

Ein Spiel aus Angst und Hass

vor vollendete Tatsachen gestellt

gelebt

Den springenden Punkt erkannt

vergessen

Niemals

Der Goldfisch vor dem Fenster

Es war einmal ein Goldfisch, dessen Glas stand auf dem Sims vor einem großen Fenster. Neben dem Glas stand ein Blumentopf, in dem, egal welche Jahreszeit, stets eine Blume blühte. Und so schwamm der Goldfisch Tag für Tag Runden in seinem Glas. Es war ganz egal, ob dicke Regentropfen draußen am Fenster abperlten oder die Sonne im Glas des Fisches reflektierte.

Die Besitzer des Fisches waren ein Ehepaar, ein Mann und eine Frau. Obwohl der Fisch ihre Namen nicht kannte, wusste er doch, dass sie sich und ihn sehr liebten.

Eines Tages packte die Frau ihre Koffer und verließ den Mann. Darüber war der Fisch sehr traurig, denn er mochte die Frau etwas lieber als den Mann, da sie ihm stets ein bisschen mehr Futter ins Glas getan hatte.

Der Mann schien von da an in ein Loch tiefer Trauer ge-
fallen zu sein, denn er saß oft auf dem großen roten Sessel
im Wohnzimmer, und weinte. Auch vergaß er immer öf-
ter, den Fisch zu füttern. Er setzte sich nicht mehr vor sein
Glas und sprach mit ihm, so wie er es früher immer getan
hatte.

Und dann, als draußen dicke Flocken vom Himmel fielen,
schwamm der Goldfisch vor dem Fenster nur noch auf
dem Rücken.

Sommer ist...

wenn die Schmetterlinge

leise

weiche Kreise

in den Himmel ziehen

und die Obstbäume

im Garten

dicke Früchte tragen.

Wenn man nachts

nicht schlafen kann

in der flimmernden Hitze

und das Fenster offen lässt

um den Grillen beim Singen zuzuhören.

Wenn die Sonne

erst nachts untergeht

und wir zum Morgen

an unseren geheimen Plätzen

glühen.

Zeit

Heute springen wir durch das Dunkelblau der Nacht

tauchen ein in die Clubs der Stadt

sind frei.

Dabei könnte doch morgen schon alles vorbei sein.

Wenn die Geschenke an Weihnachten immer weniger
werden

und die Feuerdecke auf dem Geburtstagskuchen immer
dichter wird,

weißt du,

dass die Zeit mit dem Wind verfliegt.

Mein Traum

Von halbleeren Rotweingläsern mit Lippenstift,

von *unerzählten* Geschichten

über kühne Helden.

Von verlorenen Seelen im Tumult der Welt,

von pulsierenden Städten

gezeichnet von Leben und Tod.

Von wilden Sommernächten mit dir,

von der Festigkeit,

die uns vereint.

Und dem Sonnenuntergang auf Bali,

vom leisen Klappern deiner Schuhe,

unserem Abschiedskuss und den Tränen,

die ich vergoss.

Davon träum ich heut Nacht

Passenger in my life

One day we´ll see again

and I´ll tell you the stories

you haven´t survived.

One Day you´ll go

and I´ll miss you.

In darkest nights,

days full of sunlight

and in my childhood, in my youth

you were there,

holding my hand,

harder than I ever could.

Am Waldrand

Und wenn ich abends am Waldrand steh

mit deiner Stimme in meinen Ohren

und in den Himmel blicke

zu den Baumkronen hoch

ins Unendliche

Und wenn eine leichte Brise

die Zweige im Winde tanzen lässt

stelle ich mir vor

was ich zu dir sagen würde

wenn ich doch nur die Möglichkeit dazu hätte

Zu zweit

Hand in Hand

dem Regenbogen entgegen

Poesie der Farben

Wenn die Wolken abends,

in den schillerndsten Farben leuchten,

von der Sonne angestrahlt

und der Wind sich langsam

über die Felder legt

dann blicke ich in den Himmel

und denke an die wenige Zeit die wir hatten

Seelenstrip

Vielleicht werde ich wieder weinen.

Ich weiß es nicht.

Aber ich versuche, es zu kontrollieren.

Vielleicht schaffe ich es.

Ich hoffe.

Ich will herausfinden, wer ich wirklich bin.

Doch das kann ich nur ohne dich.

Wilde Wellen peitschen gegen die rauen Felsen am Strand.

Die Wolken türmen sich am Horizont und die Sonne sinkt immer tiefer gen Ozean.

Ich mache einen Schritt nach vorne.

Meine nackten Füße spüren das eiskalte Wasser und meine Zehen graben sich in den Sand.

Während ich meine Haut zärtlich von der untergehenden Sonne küssen lasse, versuche ich, die dunklen Gedanken zu verdrängen. Und, wer weiß, vielleicht schaffe ich es.

Eines Tages.

Winter ist...

wenn leise

weiche Flocken

vom Himmel

rauschen

und die grünen Wiesen bedecken.

Wenn man bei Sonnenschein

blind wird

und den ganzen Tag auf dem Sofa liegt

und träumt.

Winter ist,

wenn man sich an die Person erinnert,

die man mal war

Die Menschen in uns

Wenn ich die Augen schließe kann ich sie wieder hören. Stimmen. Leise, aber doch klar und deutlich. Und niemand außer mir kann sie hören. Manchmal sind es ganz viele Stimmen, dann wieder nur eine. Sie sprechen mit mir und in Gedanken antworte ich ihnen. Manchmal passiert es mir auch, dass ich laut antworte. Dann schauen mich die Leute um mich herum bloß verdutzt an und denken sich vermutlich: „So ein Spinner". In einigen Gelegenheiten kann ich es sogar kontrollieren. Dann sind da keine Stimmen in meinem Kopf.

Es kommt mir oft so vor, als ob in meinem Körper noch andere Menschen leben würden. Nicht nur ich. Und sie wollen raus. Raus aus ihrem Gefängnis. Doch sie schaffen es nicht. Schließlich existieren sie ja nicht wirklich. Sie sind nicht real. Das weiß ich ja.

Dennoch traue ich mich nicht, jemandem davon zu erzählen. Dann werden „die Anderen" wütend und sagen ganz schlimme Dinge.

Und auch jetzt höre ich sie wieder. Ich stehe alleine auf der Brücke. Der Wind spielt mit meinen Haaren. Küsst mich sanft auf die Wange und wispert mir etwas zu.

„Tu es, Du bist stark genug"

Und obwohl ich weiß, dass da niemand ist, der mit mir spricht, steige ich über das Geländer der Brücke. Ich will es nicht. Aber ich tue es. Es ist fast so, als würde der Wind mich einfach davontragen. So fühlt sich also fliegen an. Ich fliege allein. Und ich tauche allein in das eiskalte Wasser ein. „Die Anderen" stehen noch auf der Brücke.

Und lachen.

Tanzen im Wind

Die Sonnenblumen

räkeln sich wild

der aufgehenden Sonne entgegen.

Strecken ihre gelben Köpfe

aus dem Tau hervor.

Fliegen im Wind hin und her

tanzen wild miteinander.

Und am Abend,

wenn die Sonne sich schon längst

in den Horizont fallen lässt,

tanzen sie immer noch.

Werden die denn gar nicht müde?

Nach Oz oder durchs Kaninchenloch, je nachdem

Ich will nach Oz

zum Zauberer

mir etwas wünschen.

Ich will mit Dorothy

den gelben Steinen folgen

für nur einen Wunsch.

Bei uns gibt es bloß keine Wirbelstürme.

Also brauche ich eine Alternative:

Zum Beispiel einen Kaninchenbau.

Man hört,

im Wunderland ist vieles möglich.

Aber gibt es das wirklich?

Schließlich hat Alice das alles ja nur geträumt.

Reisen

In einem bunten Luftballon

auf und davon

´gen Horizont fliegen.

Ferne Länder sehen

im karibischen Meer baden

Karaoke singen in englischen Bars

auf Kamelen reiten.

Mitternachtswalzer

Es ist das letzte Lied, das die Band heute Abend spielt. Ein Mitternachtswalzer. Wir tanzen in diesem Moment nicht zum ersten Mal miteinander. Dein blaues Kleid hat vorne schon einen Fleck und deine Haare sind auch nicht mehr so perfekt wie noch vor wenigen Stunden.

„Fühlt sich wie Fliegen an", sagst du. Ja, das tut es. Wir schauen uns tief in die Augen und tanzen diesen letzten Tanz miteinander. „Ja, das tut es", antworte ich. Ich will nicht, dass es endet.

Doch irgendwann erklingen die letzten Laute aus den Instrumenten. Ich habe gar nicht bemerkt, dass wir das letzte Paar auf der Tanzfläche sind.

Kindheit

Kindheit ist ein Ort

an dem wir alle schon mal waren.

Damals.

Ein Ort,

an den wir nie wieder zurück können.

Weil er nicht mehr existiert.

Er ist nur noch ein Funke

in unserem Gedächtnis

der sich einbrennt,

der zu uns gehört.

Kindheit ist ein Gefühl

voll schöner Glücksmomente.

Und Kindheit ist Wissen.

Wissen, worauf es im Leben wirklich ankommt.

DANKE...

-AN ALLE, DIE DIESEM BUCH EINE CHANCE GEGEBEN HABEN.

- AN ALLE, DIE MICH AUF DIESEM WEG UNTERSTÜTZT HABEN.

- AN DIE VIELEN AUTOREN, MUSIKER, DICHTER UND DENKER FÜR EURE INSPIRATION

- AN ALLE, DIE LEBEN STATT TRÄUMEN.

INHALT

Zeitfracht Medien GmbH
Ferdinand-Jühlke-Straße 7
99095 Erfurt, Deutschland
produktsicherheit@kolibri360.de